ASTROLOGÍA PARA NIÑOS

¡LA FORMA DIVERTIDA DE APRENDER LOS SIGNOS ZODIACALES, DOMINAR EL ZODIACO Y DESCUBRIR TU FUTURO POTENCIAL!

ANIELA PUBLICATIONS

ÍNDICE

REACH FOR
THE STARS

CAPÍTULO 1
¡BIENVENIDO AL ASOMBROSO MUNDO DE LA ASTROLOGÍA!

Hace miles de años, la gente creía que las estrellas del cielo nocturno tenían poderes especiales. Al igual que los dioses podían cambiar tu vida, todo el mundo pensaba que las estrellas podían influir en las personas para que se comportaran de determinada manera. Ahora nos puede parecer extraño, pero en aquella época tenía mucho sentido. Ya sabían que el sol cambiaba la temperatura y traía luz al mundo. También sabían que la luna podía controlar las mareas y hacer que los océanos se movieran. Entonces, ¿por qué no iban a tener control también las estrellas?

Hace mucho tiempo, la gente que miraba al cielo nocturno se dio cuenta de que había patrones en las estrellas. También prestaron atención y se dieron cuenta de que estos patrones se movían por el cielo nocturno, pero siempre aparecían en el mismo lugar en las mismas fechas. Así que estas personas observadoras crearon la astrología: una herramienta asombrosa para ayudarles a navegar por los cielos y prestar atención a lo que hacen las estrellas y los planetas. Los astrólogos creen que los habitantes de la Tierra pueden verse afectados por la posición de las estrellas en el cielo y que la astrología puede incluso informarnos de los acontecimientos que ocurren aquí en la Tierra. Los antiguos astrólogos dividían el año en 12 partes diferentes, cada una de ellas basada en un patrón diferente del cielo. Llamaban a estos patrones constelaciones y los organizaban en un círculo al que llamaban zodíaco. Estas 12 piezas se conocen como Capricornio, Acuario, Piscis, Aries, Tauro, Géminis, Cáncer, Leo, Virgo, Libra, Escorpio y Sagitario.

El zodiaco muestra doce signos diferentes, a veces llamados signos zodiacales, que tienen una fuerte influencia durante unos 30 días al año. Los astrólogos creen que cada signo puede determinar cómo será una persona si nace bajo su influencia. Pasaron años estudiando a la gente de su entorno y detectaron las similitudes entre las personas que habían nacido bajo el mismo signo. Estos rasgos se convirtieron en la base de las distintas personalidades de los signos zodiacales.

La astrología no es un conjunto estricto de rasgos de personalidad que no cambiarán, sino más bien una forma divertida de tener un sentido de pertenencia y comprender las cosas que nos hacen únicos. Hay muchas cosas que determinan nuestra forma de actuar, sentir o expresarnos.

Cosas como la cultura, las experiencias, quiénes son nuestros amigos, etcétera. Así que recuerda que la astrología puede ser una forma divertida de descubrir qué tipo de rasgos compartes con otras personas de tu mismo signo zodiacal (¡o incluso de un signo distinto!). Puede que te encuentres diciendo cosas como: "¡No puedo evitar ser una luz brillante en la habitación; soy Leo!" o "Mi mejor amigo es tan servicial; es el típico Tauro".

UNA MIRADA AL PASADO: ¿DÓNDE EMPEZÓ LA ASTROLOGÍA?

Los historiadores creen que existe algún tipo de astrología desde que vivíamos en las cavernas. Las pinturas rupestres son sencillas obras de arte dibujadas o talladas en las paredes de piedra de cuevas y montañas. Los investigadores encargados de estudiarlas se han dado cuenta de que algunos de los animales dibujados en las pinturas no son en realidad animales: ¡en realidad muestran las constelaciones animales del cielo nocturno!

Estas pinturas rupestres nos muestran que los primeros humanos utilizaban las posiciones de las estrellas para indicar las fechas de acontecimientos importantes, como el impacto de un cometa contra la Tierra. Algunas de estas pinturas rupestres tienen 40.000 años de antigüedad. Los humanos llevan mucho tiempo mirando a las estrellas, y la mayoría de ellas son las mismas que vemos hoy en día.

LAS CONSTELACIONES

Los patrones que la gente ve en el cielo nocturno se llaman constelaciones. Son grupos de estrellas que pueden unirse con una línea imaginaria para formar una imagen. Algunas de estas constelaciones se han encontrado en pinturas rupestres, lo que significa que son muy antiguas. El toro Tauro ya aparecía pintado en paredes de la Edad de Bronce. (La Edad de Bronce puede describirse como los años comprendidos entre el 3300 y el 1200 a.C., aproximadamente. Es la época en la que los humanos inventaron la rueda y empezaron a trabajar con metales).

Como los antiguos siempre podían confiar en que las constelaciones estaban en el cielo, las utilizaban para controlar el tiempo y los meses. Al igual que tú tienes un calendario en tu teléfono móvil, los antiguos utilizaban las constelaciones como una especie de calendario en el cielo.

Cada signo del zodiaco recibe su nombre de una constelación diferente. La mayoría son animales, pero otros son personas u objetos que aparecían en mitos populares griegos.

LA ASTROLOGÍA EN LAS CIVILIZACIONES ANTIGUAS

Es posible que los hombres de las cavernas descubrieran patrones en las estrellas y los utilizaran para rastrear fechas, pero no fue hasta mucho más tarde cuando los antiguos astrólogos empezaron a organizar este pensamiento en sistemas adecuados. Lo realmente interesante es que personas de distintos países de todo el mundo veían imágenes similares y hacían los mismos cálculos por sí mismas.

ASTROLOGÍA BABILÓNICA

Babilonia formaba parte de la Mesopotamia, una extensa región del actual Oriente Próximo. Sus astrólogos utilizaban la posición de las estrellas y los planetas para predecir las estaciones y decidir el mejor momento para sembrar, cosechar, cazar y pescar. Esta información era importante para mantener a todo el mundo alimentado y sano. Los astrólogos babilonios dividían el año en doce secciones diferentes que más tarde se convertirían en los signos del zodiaco.

Los babilonios también creían mucho en los presagios. Los presagios son señales que indican que algo bueno o malo está a punto de suceder. Veían muchos de estos presagios en las estrellas y los utilizaban para predecir grandes cambios.

ASTROLOGÍA GRIEGA

Los griegos pasaban mucho tiempo invadiendo otros países y, cuando lo hacían, aprendían sobre la tecnología y la ciencia de esos países. Alejandro Magno, un importante gobernante griego, invadió Babilonia y llevó a Grecia los secretos de la astrología. Con la información añadida por los astrólogos griegos, nació una nueva forma de astrología que utilizaba tu signo zodiacal para crear un horóscopo que podía hacer predicciones sobre tu vida.

EGYPTIAN ASTROLOGY

La astrología egipcia se desarrolló de forma diferente a la babilónica. Los egipcios estaban más interesados en registrar un ciclo regular de estrellas, por lo que dividieron el año en 36 partes diferentes llamadas decanos. Cada parte estaba señalada por la aparición de una nueva estrella. Cuando los egipcios fueron invadidos por los griegos, compartieron esta información con ellos. Los griegos se dieron cuenta de que los decanos coincidían con sus signos zodiacales si los agrupaban de tres en tres.

Los egipcios también relacionaban sus decanos con los cuatro elementos naturales: tierra, aire, fuego y agua. Estos elementos se siguen asociando hoy en día a los distintos signos del zodiaco y se han convertido en una parte importante de la astrología occidental.

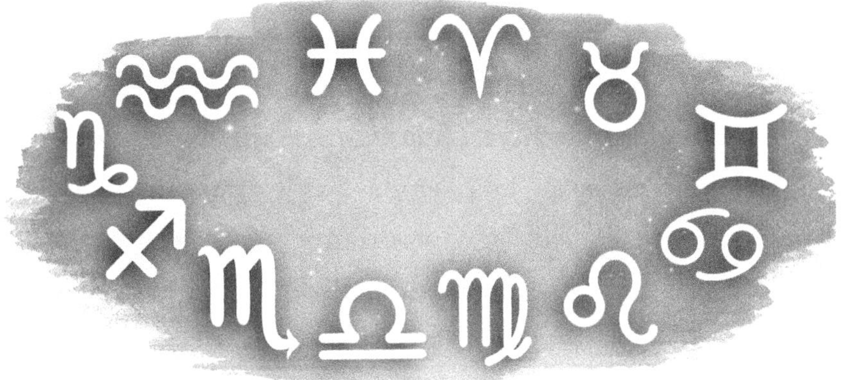

ASTROLOGÍA OCCIDENTAL

Todas las aportaciones de estas distintas civilizaciones desembocaron en lo que hoy conocemos como astrología. La astrología occidental tiene doce signos zodiacales dispuestos en forma de rueda. Esto hace que sea muy fácil ver los signos que están opuestos, así como los signos que están uno al lado del otro. Cada signo influye en las mismas fechas cada año, por lo que es realmente fácil identificar tu signo zodiacal.

La astrología occidental utiliza muchos elementos distintos a la hora de hacer una predicción sobre una persona. Se fija en su signo natal y en la posición de los planetas el día de su nacimiento. Esto se debe a que la astrología occidental considera la Tierra y todo lo que hay en ella como una única forma de vida, por lo que todos nos vemos afectados por los mismos cambios.

En la astrología occidental, cada signo tiene su propio planeta regente. Estos planetas se asocian con rasgos de personalidad y habilidades que el planeta compartirá con las personas nacidas bajo su influencia. Cada signo también está asociado a un elemento natural. Los signos que comparten el mismo elemento tienen gustos y comportamientos comunes, lo que significa que se llevarán bien entre ellos.

EL ZODÍACO CHINO

La astrología no sólo era popular en Europa y Oriente Próximo; los astrólogos chinos desarrollaron su propio sistema en una época muy similar. La astrología china es diferente de la occidental porque tiene un signo para todo el año. Sus signos llevan nombres de animales diferentes, pero siguen siendo doce. Cada doce años, el ciclo se repite.

ASTROLOGÍA MODERNA

La astrología fue una parte muy importante de la vida de los pueblos de Europa y Asia durante muchos siglos. Los ricos pagaban a astrólogos para que les leyeran el horóscopo y utilizaban esta información para tomar decisiones sobre su vida. Incluso reyes y reinas decidían sus planes de batalla o con quién casarse basándose en la información de los astros. Era habitual que la realeza contara con un astrólogo de la corte que se encargaba de mantenerles al día sobre los tiempos afortunados y los buenos augurios.

A finales del siglo XVIII, los científicos empezaron a divulgar la idea de que quizá había explicaciones más lógicas para los acontecimientos y que la astrología no era tan exacta. Esto significó que mucha gente dejó de confiar en la astrología para saber cómo sería el tiempo y dónde debían construir sus templos. A pesar de que algunas personas dejaron de creer en la astrología durante esta época, hoy en día sigue habiendo innumerables personas que creen en ella y la utilizan para muchas cosas diferentes.

Hoy en día, la gente está mucho más abierta a creencias diferentes, y la astrología ha vuelto. Sabemos que la ciencia puede demostrar algunas cosas, pero no puede refutar otras. Esto significa que nunca se ha demostrado que las ideas antiguas, como la astrología y las medicinas alternativas, sean correctas o incorrectas. La gente hará uso de estas cosas si quiere. Algunas personas son muy serias en sus creencias, mientras que otras encuentran en la astrología un recurso que pueden interpretar libremente.

Tú decides cómo quieres utilizar la información de este libro.

DATOS CURIOSOS SOBRE LOS SIGNOS ZODIACALES

Antes de que busques tu propio signo zodiacal, echemos un vistazo a algunos datos curiosos sobre los distintos signos. ¿Sabes cuál es el signo del zodiaco que ha dado más presidentes? Un signo divertido ha producido más niños actores que ningún otro, ¡y otro signo tiene más probabilidades de convertirse en multimillonario cuando crezca! Quizá esto te sirva para echar un vistazo a tu propio futuro. Después de todo, la gente suele decir que tu futuro está escrito en las estrellas.

De los mejores atletas del mundo más nacieron con el signo zodiacal de Acuario que con cualquier otro. Esto incluye a las estrellas deportivas actuales, así como a los grandes de la historia de todo tipo de deportes. Muhammad Ali, Michael

Jordan y el gran Babe Ruth compartían este signo zodiacal, así que debe de ser genial ser Acuario.

Los Piscis se encuentran entre las personas más felices del planeta, especialmente en el trabajo. Disfrutan de su trabajo más que la mayoría de los demás signos. Tal vez se deba a que eligen sus carreras con cuidado, o tal vez simplemente disfrutan sintiéndose útiles y capaces de marcar la diferencia.

Los Aries son los conductores más cuidadosos y respetan las normas de circulación, por lo que los únicos tickets que recibirán serán los de las recreativas. Pero eso no significa que siempre sean lentos: los legendarios pilotos de carreras Jacques Villeneuve y Ayrton Senna nacieron bajo el signo de Aries, ¡y nadie podría acusarles de ser lentos al volante!

¿Sueles recitar muchos datos de memoria e impresionar a tus amigos? Podrías ser un Tauro; son conocidos por tener la memoria más asombrosa. A los nacidos bajo el signo de Tauro les gusta retener grandes cantidades de información, por lo que son muy buenos en los exámenes escolares.

Los Géminis son detectives natos porque son muy observadores. Son el signo al que mejor se le da resolver rompecabezas visuales, como encontrar la diferencia o sopas de letras. Vale, las sopas de letras no van a convertirse en el próximo deporte olímpico, pero ser bueno con los rompecabezas es un divertido truco de fiesta con el que impresionar a tus amigos.

Los Cáncer son muy trabajadores e inteligentes, por eso son uno de los signos con más probabilidades de ganar más de 100.000 dólares al año. Ahora bien, que seas Cáncer no garantiza que vayas a ver esa cantidad de dinero sin trabajar súper duro, pero hay algo especial en este signo que les impulsa a hacerlo bien.

Algunos de los signos zodiacales tienen mucha energía por naturaleza, y uno de ellos es Leo. ¿Sabías que es más probable encontrar a un Leo en el gimnasio que a cualquier otro signo? Les encanta estar activos, hacer ejercicio y mantenerse en forma.

Obviamente, hay miles de millones de personas en el mundo, por lo que muchos cumplen años el mismo día. Pero hay un cumpleaños especial que comparten más personas que ningún otro, y resulta que es el del signo zodiacal de Virgo. ¿Cuál es ese día especial? Es el 9 de septiembre.

¿A qué signo zodiacal pertenecen más multimillonarios del mundo? Según la Lista de Ricos de Forbes, es el signo de Libra. Actualmente hay 32 multimillonarios Libra en el mundo; ¡eso es el 12% del número total de multimillonarios! ¿Serás tú uno de ellos cuando seas mayor?

Los Escorpio también tienen mucho que decir, porque este signo ha dado más líderes mundiales que ningún otro: Un total de 22 presidentes y primeros ministros de distintos países han nacido bajo este signo. Incluso en Estados Unidos ha habido más presidentes de Escorpio que de cualquier otro signo.

¿Te encanta actuar y sueñas con estar en el escenario o en la pantalla? Si eres Sagitario, tienes muchas posibilidades de que ese sueño se haga realidad. Si echas un vistazo a algunas de las mayores celebridades que saltaron a ese campo cuando eran niños, alrededor del 20% de ellos son Sagitario. Esto incluye a celebridades como Britney Spears y Scarlett Johansson.

Si eres Capricornio, puedes sentirte muy especial porque perteneces al signo menos común. Esto significa que hay menos Capricornios en todo el mundo que gente de cualquier otro signo del zodiaco. Durante las fechas regidas por Capricornio, también encontrarás los dos cumpleaños más raros, que son el 25 de diciembre y el 1 de enero. Es casi como si los padres no quisieran tener que comprar demasiados regalos al mismo tiempo.

¿Estás listo para descubrir cuál es tu signo del zodiaco? Sigue leyendo y te lo revelaremos todo.

CAPÍTULO 3
CÓMO SABER TU SIGNO DEL ZODIACO

Probablemente sepas cuándo es tu cumpleaños, pero ¿sabías que tu cumpleaños te dice cuál es tu signo del zodiaco? Cuando naciste, había un signo del zodiaco que regía el cielo nocturno. Los astrólogos creen que el signo concreto que aparecía en el momento en que naciste influiría en tu personalidad a lo largo de tu vida. En los próximos capítulos descubrirás todo sobre los signos del zodiaco y cómo pueden hacerte valiente, cariñoso, divertido y creativo. Pero antes debes saber qué signo te corresponde.

• Si cumples años entre el 20 de enero y el 18 de febrero, eres un Acuario aéreo.

• Del 19 de febrero al 20 de marzo, el signo regente es Piscis, así que si tu cumpleaños cae en esas fechas o entre ellas, eres uno de estos peces sensibles.

• Entre el 21 de marzo y el 19 de abril, Aries está al mando. Este signo de carnero ardiente te pertenece si tu cumpleaños cae en esas fechas o entre ellas.

• Si cumples años entre el 20 de abril y el 20 de mayo, estás bajo la influencia del terrenal Tauro, el gran toro.

• ¿Cumples años el 21 de mayo o entre el 21 de mayo y el 20 de junio? Si la respuesta es afirmativa, los gemelos de Géminis velarán por ti con su influencia de aire.

• Del 21 de junio al 22 de julio, el cangrejo Cáncer está al mando. Si tu cumpleaños cae en estas fechas o entre ellas, entonces te sentirás como en casa con este signo acuático.

• Entre el 23 de julio y el 22 de agosto es el dominio de Leo, el león, que guía con su rugido a los nacidos en estas fechas o entre ellas.

• Si tu cumpleaños cae entre el 23 de agosto y el 22 de septiembre, estás bajo la influencia terrenal de Virgo.

• ¿Has nacido entre el 23 de septiembre y el 22 de octubre? Si es así, estás tan equilibrado como tu signo zodiacal, Libra, la balanza.

• Del 23 de octubre al 21 de noviembre, es la época de Escorpio, el escorpión. Este signo de agua influye sobre cualquiera que cumpla años en estas fechas o entre ellas.

• Entre el 22 de noviembre y el 21 de diciembre, el signo encargado de los cielos es Sagitario, el arquero. Si has nacido en estas fechas o entre ellas, sus flechas ardientes guiarán tu camino.

• Por último, si cumples años entre el 22 de diciembre y el 19 de enero, eres Capricornio. Este mítico signo, mitad cabra y mitad pez, es el último signo de tierra de nuestra lista.

Ahora que ya sabes cuál es tu signo del zodiaco, puedes averiguarlo todo sobre su significado. Conocer tu signo puede ayudarte a entender por qué te gustan unas cosas más que otras. También puede ayudarte a saber por qué algunas cosas te resultan fáciles y otras un poco más difíciles.

No te limites a leer tu propio signo. Conocer los signos zodiacales de tus amigos y familiares puede ayudarlos a entenderse mejor. ¿Tienes un amigo que siempre está callado y al que le cuesta seguirte el ritmo yendo de un lado para otro todo el tiempo? Parece que tú eres un signo de fuego y ellos de agua. En lugar de una actividad enérgica, les encantaría pasar el tiempo haciendo algo creativo contigo. ¿Pueden tú y tu mejor amigo pasar todo el día jugando en un mundo de fantasía? Probablemente ambos sean signos de aire a los que les encanta soñar despiertos y vivir aventuras en mundos imaginarios.

CAPÍTULO 4

ACUARIO

Acuario ocupa el primer lugar de esta lista porque es el signo zodiacal que comienza su influencia en enero, pero en realidad es el undécimo signo del zodíaco. Es un signo de aire y a menudo se representa con un símbolo de dos líneas horizontales en zigzag que representan el viento.

El planeta regente de Acuario es Urano, el séptimo planeta desde el Sol. Este planeta frío y azul influye en el futuro, por lo que los Acuario son muy buenos planificando. También presta su color a este frío signo del zodiaco, haciendo del azul claro una importante influencia. Mucha gente cree que Acuario es un signo de agua porque se asocia con el color azul, pero no es así.

Otra razón por la que la gente piensa erróneamente que Acuario es un signo de agua es que la constelación de Acuario, que da nombre al signo zodiacal, representa a un joven que lleva una jarra de agua. Esta constelación se conoce como Acuario, el Portador de Agua.

Todos los signos del zodíaco tienen sus propios números de la suerte. Puede que signifiquen algo especial para ti, o puede que tengas la oportunidad de utilizarlos en el futuro para darte un poco más de suerte. Para Acuario, los números de la suerte son el 4, el 7, el 11, el 22 y el 29.

TODO SOBRE EL IMPRESIONANTE ACUARIO

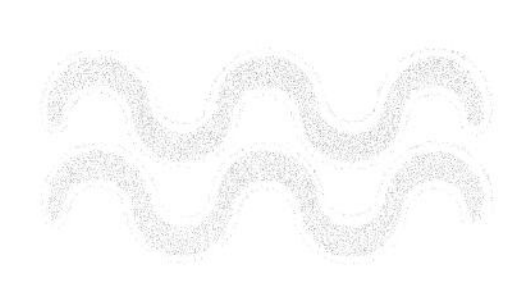

Si eres Acuario -o tienes un amigo nacido bajo este signo zodiacal- es posible que reconozcas algunos de estos rasgos de personalidad. A los Acuario les gusta usar mucho el cerebro. Quieren aprender cosas nuevas y tener amigos con los que poder hablar de ellas. Por eso son más felices cuando trabajan en un proyecto de grupo, porque tienen a mucha gente con la que discutir sus ideas.

A menudo se puede encontrar a un Acuario sumido en sus pensamientos y tratando de resolver todos los problemas del mundo. Sin embargo, esto significa que pueden aburrirse rápidamente si no están haciendo algo que les suponga un reto. Los Acuario suelen sentirse atraídos por temas creativos, como el arte y la música, o inventivos, como la ciencia y la tecnología. Esto se debe a que pueden ampliar los límites de la materia e idear proyectos nuevos y emocionantes.

Como les gusta mucho pensar, los Acuario suelen ser callados. No se les suele encontrar acelerados y llenos de energía física; ese tipo de comportamiento es más propio de los signos de fuego. Esta cualidad tranquila los convierte en buenos oyentes, sobre todo si les cuentas tus problemas. Podrán ayudarte a encontrar soluciones y animarte a plantearte los problemas de formas nuevas.

Otra buena cualidad que se desprende del signo Acuario es que quieren hacerlo todo mejor. Les gusta mejorar la vida de todos los que los rodean. De adulto, eso puede significar crear nuevos inventos o hacer obras de caridad, y de niño, cortar el césped del vecino o ayudar en las tareas domésticas. A los Acuario les gusta defender aquello en lo que creen, por lo que son muy buenos movilizándose por una causa. Un Acuario sería un excelente presidente de clase.

¡AIROSAS AVENTURAS DE ACUARIO!

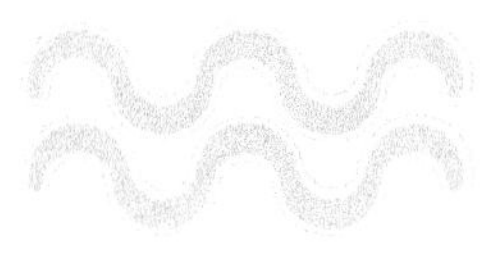

Un Acuario puede tardar un tiempo en acostumbrarse a alguien, así que si tienes la suerte de tenerlo como amigo, asegúrate de ser siempre amable con él. A los Acuario no les gustan las promesas incumplidas ni que los decepcionen. Se toman los disgustos muy a pecho y los sienten profundamente. De hecho, los Acuario sienten todas sus emociones muy intensamente, lo cual es estupendo si están contentos y entusiasmados con algo.

A los Acuario no les gusta sentirse solos y excluidos. Les encanta estar en un grupo, pero también pueden ser un poco tímidos a la hora de unirse. Lo mejor que puedes hacer por un amigo Acuario es invitarlo a hacer cosas contigo y asegurarte de que siempre se sienta incluido. A cambio, te recompensarán con conversaciones interesantes, lealtad y compromiso total.

¡CONOCIDOS PARA ACUARIO!

Las personas con los signos zodiacales de Libra y Géminis siempre hacen buenas migas con un Acuario. También son signos de aire, y los tres tienden a pensar de forma similar. Los signos de aire y los signos de fuego también pueden hacer buenas migas porque todos pueden ser bastante impulsivos.

Sagitario también se lleva bien con Acuario. Ambos signos están muy próximos en la rueda zodiacal, lo que significa que tienen mucho en común. A ambos les encanta vivir aventuras y probar cosas nuevas. También les encantan las conversaciones interesantes y las actividades en las que pueden aprender juntos.

Otro buen amigo para un Acuario es un Leo. Son signos opuestos, pero aun así tienen mucho en común. Ambos son leales a sus amigos y les encanta pasar tiempo en grupo. Ambos signos se preocupan mucho por sus amigos y siempre los apoyarán y cuidarán.

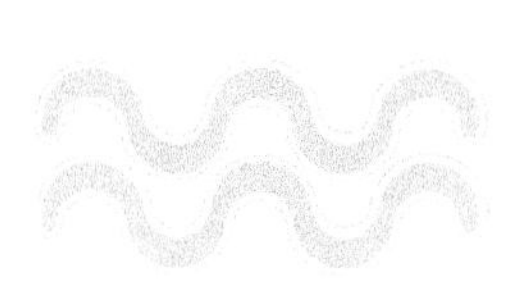

¡CARRERAS ARTÍSTICAS PARA ACUARIO!

A los signos de Acuario les gusta crear cosas nuevas, por eso hay muchos buenos músicos y actores de Acuario. Si te da vergüenza subirte a un escenario, hay muchos otros trabajos en el mismo sector, como confeccionar disfraces o hacer coros en un estudio de grabación.

También les interesa descubrir cosas nuevas y resolver problemas, por lo que trabajar en el desarrollo de nuevas tecnologías los llenaría. A los Acuario les encanta ayudar a los demás, así que si esa nueva tecnología trata enfermedades o mejora la sociedad, aún mejor. Como a los Acuario se les da muy bien explicar las cosas y les encanta educar a los demás, suelen ser unos profesores fantásticos.

CAPÍTULO 5
PISCIS

Piscis es el duodécimo y último signo del zodiaco. Toma su nombre de una constelación de dos peces, por lo que no es de extrañar que Piscis sea un signo de agua. El color especial de Piscis es el verde claro.

El planeta regente de Piscis es Neptuno, el octavo planeta alejado del Sol. A Neptuno se le llama gigante de hielo porque es grande y helado y está cubierto de sustancias químicas gélidas, pero eso no significa que los Piscis sean personas frías. De hecho, si estás regido por Neptuno significa que tienes una gran imaginación y un fuerte lado espiritual.

Como todos los demás signos del zodíaco, los nacidos bajo Piscis tienen su propio conjunto de números especiales que les ayudan en su vida.

Puede que notes que siempre aparecen en cosas como tu número de teléfono, tu dirección o las direcciones de tus buenos amigos. Para un Piscis, los números 3, 9, 12, 15, 18 y 24 tienen un significado especial.

¡PRESENTANDO AL AGRADABLE PISCIS!

Los Piscis son grandes soñadores y se pasan el tiempo pensando en cosas místicas y fantásticas. Tienen una mentalidad muy abierta y pueden verse atrapados en la búsqueda de respuestas a grandes preguntas como por qué el cielo es azul, por qué los flamencos son rosas o por qué tengo que acostarme a una hora determinada.

Si conoces a un Piscis, probablemente sea el amigo que mejor te apoya emocionalmente. Cuando te sientas triste, estará ahí con un hombro en el que apoyarte y un oído para escuchar todos tus problemas. A los Piscis se les suele llamar empáticos, lo que significa que son buenos percibiendo las emociones de los demás y sintiéndolas también. Se sentirán felices cuando tú lo estés y tristes cuando tú lo estés, lo que ayuda a que sus amigos sientan que no están solos.

Piscis se preocupa mucho por los sentimientos de sus amigos. Si los necesitas, se asegurarán de ser el mejor amigo que puedan ser y apoyarte. De hecho, apoyar a sus amigos y familiares es una de sus mayores prioridades. Si eres Piscis, ¡no olvides cuidarte también! Pero, Dios mío, ¿no son afortunados tus amigos y tu familia por tenerte?

Al igual que Acuario, a los Piscis les encanta ser creativos, y si no están tocando música, escribiendo historias o pintando cuadros, pueden sentir que su energía se está apagando. Muchos Piscis eligen una de estas aficiones como parte importante de su carrera, ya sea enseñando a otros o actuando ellos mismos.

Los Piscis son muy amistosos y disfrutan conociendo gente nueva, lo que les facilita hacer amigos. Sabes que puedes confiarles tus secretos porque son muy dignos de confianza. Un Piscis tiene un gran corazón en el que cabe todo el mundo. Quieren mucho a sus amigos, a su familia y a sus mascotas.

¡LA PERSONALIDAD DE PISCIS ES TAN POSITIVA!

Los Piscis prefieren ver el mundo desde una perspectiva muy positiva, en la que todos son amigos. Por eso, si ven que alguien se porta como un malvado, pueden sentirse muy molestos. Los Piscis creen firmemente que hay que tratar a los demás como te gustaría que te trataran a ti.

Como los Piscis son tan creativos, pueden entristecerse si alguien no disfruta inmediatamente de su trabajo. Los Piscis ponen todo su corazón y su alma en sus proyectos, así que si alguien no demuestra rápidamente cuánto les gusta, pueden tomárselo muy a pecho. Crean arte para hacer felices a los demás, y cuando esto no funciona, puede entristecer mucho a un Piscis.

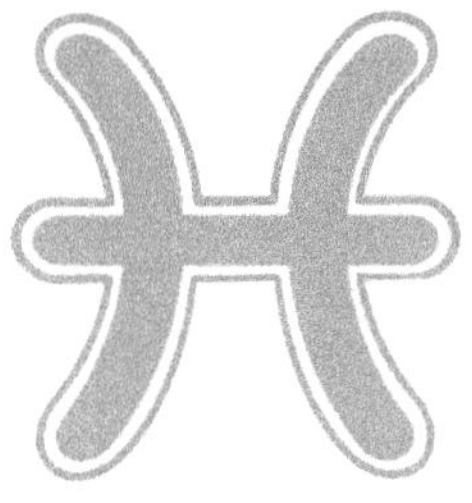

¡AMIGOS PARA PISCIS!

A los Piscis les gusta tratar de llevarse bien con todo el mundo, pero algunos signos los hacen más felices que otros. Se sienten atraídos por los otros signos de agua, Escorpio y Cáncer, pero también les resulta fácil entablar amistad con los signos de tierra.

Virgo y Piscis funcionan bien juntos porque ambos quieren lo mismo de una amistad: alguien que siempre esté ahí para ellos. Tanto Virgo como Piscis disfrutan ayudando a los demás y siendo solidarios, por lo que al ser amigo de un Virgo, un Piscis también tendrá a alguien que cuide de él.

Tauro es otro signo que se lleva bien con Piscis, a pesar de que los dos signos tienen características opuestas. Un Tauro ve el mundo de forma muy realista, y un Piscis es más soñador. Juntos, funcionan bien para equilibrarse. A ambos les gusta pasar tiempo con alguien que les muestre diferentes formas de pensar.

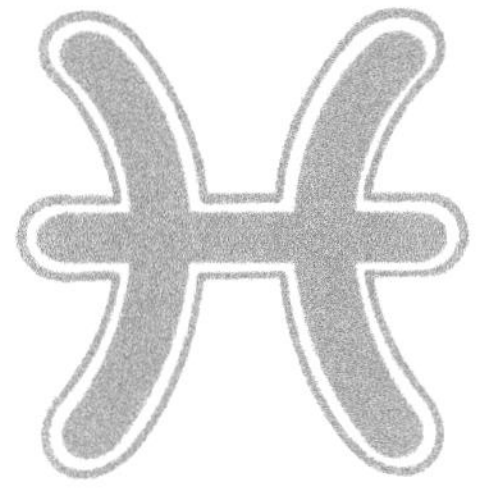

¡PROFESIONES QUE POTENCIAN A PISCIS!

Como los Piscis son tan cariñosos, un trabajo en el que puedan cuidar de otras personas sería muy satisfactorio. Desde médicos y enfermeras hasta el cuidado de niños e incluso de mascotas. Piscis puede dedicar su tiempo a ayudar a los demás de muchas formas distintas. Los Piscis también son buenos terapeutas gracias a su capacidad para relacionarse con los sentimientos de los demás.

Otra buena opción para Piscis es hacer algo creativo y artístico. Les encanta diseñar y hacer algo nuevo, contar historias y devolver un poco más de magia al mundo. Un pastelero normal puede hacer tartas, pero un pastelero Piscis diseñará maravillosas tartas de cumpleaños que se llevarán todas las miradas en cualquier fiesta de cumpleaños.

CAPÍTULO 6
ARIES

Cuando los antiguos astrólogos crearon el zodíaco, eligieron como fecha de inicio el día de primavera en que el sol se encuentra justo sobre el ecuador terrestre. Es el Equinoccio Vernal, un día especial porque la duración del día y de la noche es exactamente la misma. Este día comienza el zodíaco con Aries, el primer signo.

Aries es una constelación que parece un enorme carnero. En la mitología griega, este carnero tenía un raro vellocino de oro. Como Aries es un signo de fuego, su color especial es el rojo. Aries también está regido por el planeta rojo Marte. Marte es el cuarto planeta desde el Sol y se cree que hace que la gente sea decidida y tenga ganas de triunfar.

Los nacidos bajo el signo zodiacal de Aries también tienen sus propios números de la suerte. Son el 1, el 8 y el 17. No es de extrañar que entre ellos esté el número uno, porque a los Aries les encanta ser los primeros en todo.

¡TODO SOBRE EL ASOMBROSO ARIES!

Los Aries están llenos de energía. Siempre tienen que estar haciendo algo y no soportan aburrirse. Hagan lo que hagan, los Aries se esfuerzan por ser los mejores porque son muy competitivos. Un Aries trabajará duro y se concentrará en aprender todo lo que pueda para mejorar su juego. Los Aries son especialmente buenos en deportes independientes, como el tenis, el golf y el ajedrez, porque están muy concentrados. (Sin embargo, también son un gran miembro del equipo).

¿Tienes algo que te gusta más que cualquier otra cosa y desearías que todos los demás también lo hicieran? Aries puede ser muy apasionado y entusiasta, y le encanta compartirlo con los demás. Cuando un Aries encuentra algo que le gusta, se entrega en cuerpo y alma a ello.

También son muy decididos y no les gusta estancarse en un problema. Así que, si eres Aries, tómate tu tiempo para pensar en la mejor solución al problema y no te precipites. Esto puede marcar la diferencia.

Los Aries son muy divertidos como amigos porque siempre están pensando en cosas emocionantes que hacer para todos. Les encanta conocer gente nueva y hablarán con cualquiera sin sentirse tímidos ni nerviosos. A los Aries nunca les preocupa lo que la gente piense de ellos porque saben que son increíbles.

Todo el mundo tiene claro que Aries es un signo de fuego porque tiene mucha energía. Este fuego también potencia sus emociones, haciendo que sus sentimientos internos sean muy obvios. No tendrás que adivinar de qué humor están.

¡A UN ARIES LE ENCANTA MANTENERSE ACTIVO!

Como los Aries son tan activos todo el tiempo, les desconcierta cualquier retraso o interrupción. Debido a su naturaleza ardiente, Aries no se lleva bien con el aburrimiento. Aunque estas cosas pueden crear un Aries gruñón, no te preocupes, ¡se animan muy rápido!

Aries también puede sentirse frustrado si cree que no está demostrando su mejor habilidad. Aries podría sentirse más a gusto en el campo del deporte, y preferiría utilizar su talento deportivo que quedarse en casa. Esto es algo importante en lo que pensar a la hora de elegir una carrera. A Aries le encanta hacer cosas que se le dan bien y prefiere brillar poniendo en práctica sus habilidades.

¡ALIADOS DE UN ARIES!

Los otros signos de fuego, Leo y Sagitario, siempre se lo pasarán bien con un Aries. Estos signos están llenos de la misma energía brillante y les encanta estar activos juntos. Leo y Sagitario pueden seguir el ritmo de los pensamientos y las ideas de Aries y darán lo mejor de sí mismos en una discusión.

Leo y Aries casi siempre van a ser mejores amigos. A ambos signos les encantan las aventuras y explorar cosas nuevas, así que cuando estén juntos nunca se aburrirán. Aries y Leo son muy buenos comunicadores. Escucharán las opiniones del otro, aunque sean diferentes.

Otro signo que se lleva bien con Aries es Libra. Están en lados opuestos de la rueda zodiacal, lo que significa que tienen personalidades opuestas, pero también que se equilibran mutuamente. A los Aries les encanta liderar y tomar decisiones, lo que resulta apasionante para Libra. Los Libra son más tranquilos y amables, lo que significa que no discutirán con los Aries y es más probable que estén de acuerdo con ellos que en desacuerdo.

¡EMPLEO AVENTURERO PARA ARIES!

A los Aries les encantan los retos y suelen querer una carrera en la que puedan llegar a lo más alto. Los Aries son excelentes vendedores porque les resulta fácil hablar con los demás. Al igual que los profesores recompensan las buenas notas y el buen comportamiento, en los trabajos de ventas se suele hacer algo parecido por hacerlo bien, lo que se llama bonificación, ¡y a los Aries les encanta luchar por un premio!

Aries también es un gran gestor. Les encanta dirigir equipos e inspirar a la gente. Muchos empleos en el mundo de los negocios requieren directivos que dirijan equipos de trabajadores, por lo que un Aries siempre puede encontrar un trabajo de dirección en un área que le interese.

Como Aries es aventurero, disfrutará con un trabajo que le lleve a lugares nuevos. Trabajar como guía turístico o enseñando surf a turistas sería ideal. No sólo conocerán a mucha gente interesante, sino que podrán demostrar sus conocimientos locales. Además, tendrán mucho tiempo libre en sus días libres para explorar por su cuenta o con sus amigos.

CAPÍTULO 7
TAURO

El segundo signo del Zodíaco es otro animal fuerte: Tauro, el toro. Tauro es un signo de tierra y su planeta regente es Venus, el segundo planeta desde el sol. Esta combinación hace que Tauro quiera sentirse conectado con todos y con todo. Están muy orientados a los sentidos, lo que significa que los abrazos de sus perros y gatos y las caricias a los animales harán feliz a Tauro.

Al ser un signo de tierra, es obvio por qué el color característico de Tauro es el verde, pero también tienen otro color especial: el rosa. También tienen números especiales, que pueden traer buena suerte a los Tauro. Los números especiales de Tauro son el 2, el 6, el 9, el 12 y el 24.

¡EL FANTÁSTICO TAURO!

Una de las principales cualidades de un signo de tierra es que son sólidos y fiables. Las personas nacidas bajo el signo zodiacal de Tauro no son diferentes. Puedes confiar en que un Tauro siempre estará a tu lado cuando lo necesites. También puedes confiar en ellos como compañeros de estudio porque definitivamente cumplirán con su parte del proyecto.

Los Tauro también son muy trabajadores. No se rinden hasta que un proyecto está completamente terminado, aunque lleve meses. Si necesitas a alguien que te ayude a terminar un videojuego largo, un Tauro es la persona indicada. No les importa que algo lleve años, porque otra cualidad de los Tauro es que son muy pacientes.

No es frecuente encontrar a un Tauro soñando despierto con la cabeza en las nubes. Los Tauro tienen los pies en la tierra -¿qué más se puede esperar de un signo de tierra?- y, aunque disfrutan con la creatividad de los mundos y las ideas fantásticas, a menudo prefieren prestar atención al mundo que les rodea.

A los Tauro les encanta ser creativos y hacer cosas bonitas, sobre todo si incluyen elementos naturales. Se sienten muy a gusto en la jardinería y cuidando flores de colores, pero también pueden disfrutar cocinando, pintando y tocando música. Los Tauro son muy prácticos, por lo que hacer cosas -o cuidarlas- con sus manos les proporcionará alegría.

Aunque los signos de fuego son muy rápidos para hacer amigos, a los Tauro les gusta tomarse su tiempo. La amistad con un Tauro puede durar toda la vida. Los Tauro son amigos muy solidarios y siempre ofrecen ayuda: Por ejemplo, si se te rompe la cadena de la bici, serán los primeros en ayudarte.

¡TAURO ATESORA TIEMPO Y TAREAS!

Los Tauro a veces están tan anclados en el mundo real que no soportan que algo cambie. Un cambio repentino de planes puede alterarles y hacerles sentir frustrados. Por suerte, una buena palmada en la espalda y unas palabras tranquilas de sus amigos suelen bastar para que vuelvan a sentirse estables.

A los Tauro les gusta pensar las cosas detenidamente y suelen tener todo el día planeado. Esto significa que les gusta que las cosas vayan según lo planeado y prefieren no tener cambios en su día.

¡ALÍATE CON UN TAURO!

Los otros signos de tierra -Virgo y Capricornio- son buenos amigos para Tauro. Esto se debe a que todos piensan de forma similar y práctica. A Tauro puede resultarle difícil entenderse con los signos más extrovertidos, como Leo y Aries, o con el imaginativo Acuario, que siempre está soñando con el futuro.

¿Has oído alguna vez el dicho de que los polos opuestos se atraen? Es cierto para los imanes, pero también lo es para Tauro y su signo opuesto, Escorpio. En lugar de molestarse mutuamente con sus diferentes formas de pensar y comportarse, se unen por lo que tienen en común. Tauro y Escorpio son personas muy leales y solidarias, que es lo que se necesita para construir una amistad sólida. Escorpio puede enseñar a Tauro a ser enérgico y a entusiasmarse con nuevas aventuras, y Tauro enseñará a Escorpio a hacer planes y a ser fiable.

¡TREMENDOS OFICIOS PARA UN TAURO!

Los Tauro son muy buenos trabajadores por muchas razones. Cualquier carrera que requiera trabajar en proyectos, hacer planes y pensar en los pequeños detalles mantendrá a un Tauro ocupado y lleno. A los Tauro también se les da muy bien gestionar sus finanzas, por lo que trabajar en un banco o en el sector financiero les vendría como anillo al dedo.

Trabajar en la naturaleza es otro gran camino para un Tauro. Le encantaría trabajar como agricultor, cuidar animales en el zoo o estudiar plantas como botánico. Incluso un trabajo en una tienda de orfebrería o como paisajista sería interesante para este signo de tierra.

CAPÍTULO 8
GÉMINIS

Este signo recibe su nombre de dos personajes distintos de la mitología griega: los gemelos Cástor y Pólux. Es el tercer signo del zodiaco y otro signo asociado al elemento aire. Géminis suele representarse con el color amarillo, lo que lo convierte en un signo alegre y luminoso.

El planeta regente de todos los Géminis es Mercurio, el planeta más cercano al sol. Mercurio era el mensajero de los dioses, y este planeta hace que los Géminis sean muy buenos comunicándose con los demás.

Todos los signos del zodiaco tienen números especiales que se consideran de buena suerte. Los números de Géminis son el 5, el 7, el 14 y el 23. Si eres Géminis y notas que estos números aparecen en tu vida, podría ser una señal de que el universo te está enviando cosas buenas.

¡UNA MIRADA AL GRAN GÉMINIS!

Géminis está representado por dos gemelos, por lo que reúne muchas personalidades en una sola persona. A veces, puede parecer que un Géminis cambia de un comportamiento a otro, como pasar de ser muy hablador y amistoso a quedarse callado y necesitar estar solo. Esto es perfectamente normal, y parte de la diversión de conocer a un Géminis es que son tan adaptables.

Por su adaptabilidad, Géminis es el signo menos testarudo. Les encantan los cambios y a menudo buscan nuevas experiencias. Los Géminis rara vez se quedan quietos y les gusta salir con muchos grupos de amigos, haciendo actividades y proyectos diferentes. Es una suerte que hagan amigos con tanta facilidad, porque disfrutan con un montón de amigos distintos para mantenerse ocupados.

A los Géminis les encanta hablar y son felices charlando con todo el mundo. No suelen discutir con quienes tienen opiniones distintas. De hecho, lo más probable es que un Géminis cambie de opinión si le cuentas algo nuevo.

Si tienes un amigo Géminis, has sido bendecido porque son las personas más amables y gentiles. También son amantes de la diversión y se asegurarán de que siempre lo paséis bien juntos. Los Géminis se preocupan mucho por sus amigos y se lo demuestran mostrándoles su admiración siempre que tienen ocasión.

¡GÉMINIS BRILLA EN GRUPO!

Como los Géminis siempre están a la caza de algo nuevo que hacer, los vuelve locos hacer lo mismo una y otra vez. Si se ven atrapados en las mismas rutinas, intentarán salir de ellas como sea. Pero, por supuesto, todo el mundo necesita rutinas, como lavarse los dientes o hacer los deberes, así que los Géminis prefieren que sean divertidas.

A los Géminis no les gusta estar solos. Aunque les encanta leer, escuchar música y ver películas, prefieren hacer estas cosas con sus amigos que solos. Si un Géminis decide que necesita pasar un rato a solas, no será por mucho tiempo, y pronto volverá a ser una persona sociable.

¡LLEVARSE BIEN CON UN GÉMINIS!

Es casi imposible no llevarse bien con un Géminis porque son muy extrovertidos y simpáticos. Los signos de agua pueden encontrar esto difícil de manejar porque quieren una amistad más profunda, pero a los signos de fuego les encanta la energía social de Géminis.

Pero los mejores signos para llevarse bien con un Géminis son los otros signos de aire, Acuario y Libra. Les encanta mantener largas e inteligentes discusiones y proponer nuevas ideas y aventuras juntos.

Como los Géminis tienen dos gemelos que velan por ellos, a veces pueden sentirse como dos personas distintas. Necesitan un buen amigo al que no le importe que un día sean extrovertidos y al siguiente quieran estar solos en casa, y Géminis encontrará esto en un Sagitario. Sagitario es fácil de llevar, y prosperan en situaciones cambiantes, por lo que no tendrá ningún problema en la gestión de las emociones de un Géminis. Además, arrastrarán a Géminis en sus aventuras y le harán vivir nuevas y emocionantes experiencias.

¡GRANDES TRABAJOS PARA UN GÉMINIS SUPERDOTADO!

Para sentirse realmente satisfechos en su carrera, los Géminis necesitan un trabajo en el que hagan algo diferente cada día. Tienden a aburrirse trabajando en el mismo proyecto hasta que lo terminan, y prefieren dedicarse a actividades diferentes y estar en un entorno diferente el mayor tiempo posible. Por eso a los Géminis les encantan trabajos como la fotografía o la dirección de giras de estrellas del pop, donde visitarán un lugar nuevo y conocerán a gente nueva cada día.

Otras buenas carreras para los Géminis implican situaciones en las que tienen que comunicarse bien con los demás, como ser profesor o tutor. No sólo cada día es diferente, sino que los Géminis son tan simpáticos y habladores que podrán conectar hasta con los alumnos más difíciles.

A los Géminis les encanta ser su propio jefe, por lo que trabajar como autónomo o dirigir su propia empresa es un trabajo de ensueño. Cuando un Géminis está a cargo de su propia carrera, puede hacer exactamente lo que quiere y perseguir sus propios intereses. Cuando se sienten inspirados por lo que aman, trabajarán muy duro, así que es una situación en la que todos salen ganando.

CAPÍTULO 9
CÁNCER

El cuarto signo del zodíaco es otro signo de agua. Este signo recibe su nombre de la constelación de un cangrejo gigante. Podría pensarse que el color asociado a Cáncer es el rojo -como el cangrejo-, pero en realidad es el blanco. Esto tiene sentido si tenemos en cuenta que Cáncer está regido por la Luna.

De hecho, Cáncer es uno de los dos únicos signos del zodiaco que no tiene un planeta regente. La Luna no es un planeta, pero es muy importante para la Tierra porque ayuda a que las mareas fluyan. Esto hace que esté muy relacionada con el agua, así que, por supuesto, está vinculada a un signo de agua.

Cáncer tiene su propio conjunto de números especiales, al igual que los demás signos del zodiaco. Son el 2, el 3, el 15 y el 20. Estate atento y puede que los veas aparecer en tu vida como amuletos de buena suerte.

¡CARACTERÍSTICAS DE UN CÁNCER!

Las emociones son muy importantes para todos los signos de agua. Los Cáncer son conocidos por dejar que sus emociones tomen las decisiones por ellos y suelen guiarse por lo que sienten. Suelen elegir con el corazón: si un Cáncer quiere helado para cenar, ¡eso es lo que va a tomar!

Los Cáncer son muy buenos percibiendo las emociones de los demás, y harán todo lo posible para que sus amigos y familiares se sientan queridos. Estas personas son muy especiales para Cáncer, y no pueden sentirse relajados y en casa si alguien a quien quieren es infeliz.

Aunque los Cáncer disfrutan socializando, realmente prosperan durante su "tiempo para sí". Dado que los Cáncer son tan independientes durante este "tiempo para sí", les resulta mucho más fácil concentrarse sin distracciones. Esto significa que se les da muy bien hacer los deberes o terminar un proyecto en el que están trabajando, como pintar o programar un videojuego increíble.

¡LOS CÁNCER SON TRANQUILOS Y CARIÑOSOS!

Un Cáncer puede tardar algún tiempo en simpatizar con gente nueva, pero cuando lo hace, se convierte en una auténtica amistad. Son sociables, pero a veces un poco tímidos. Valoran a un amigo en el que puedan confiar, así que asegúrate de cumplir tus promesas con un Cáncer.

Estar cerca de la familia y pasar tiempo en casa es realmente importante para un Cáncer porque éste es su espacio favorito. Tienen fuertes valores familiares y defenderán a su manada como auténticos héroes. Un Cáncer siempre estará a tu lado cuando más lo necesites.

¡COMPAÑEROS PARA UN CÁNCER!

Dado que los Cáncer están tan en sintonía con sus sentimientos, necesitan amigos que comprendan su naturaleza tranquila. Los signos más capaces de ser amables y gentiles con Cáncer son los otros signos de agua, Piscis y Escorpio. Saben lo que se siente al ser muy consciente de sus propias emociones y pueden dar a Cáncer el espacio y la comprensión que necesita para sentirse valorado.

Los signos de tierra Capricornio y Libra también se llevan bien con Cáncer porque son estables y tienen los pies en la tierra. Ambos son leales y respetan el trabajo duro necesario para ganarse la confianza de Cáncer. Capricornio también comparte la misma ética de trabajo que Cáncer -a ambos signos les gusta centrarse por completo en sus proyectos-, por lo que forman un gran equipo. Libra y Cáncer disfrutan de un espacio súper acogedor dondequiera que estén, por lo que Libra sabe lo importante que es crear un entorno impresionante para que Cáncer se relaje.

¡CARRERAS CREATIVAS PARA UN CÁNCER!

Los Cáncer saben lo importante que es tener un espacio confortable, por lo que una carrera en la que ayuden a los demás a encontrarlo les resultará muy gratificante. Ya sea trabajando como agente inmobiliario, decorador o diseñador de interiores, Cáncer prosperará en la recompensa emocional de ver a sus clientes satisfechos.

La arquitectura es otra gran opción profesional que permitirá a los Cáncer diseñar las casas de otros. Los arquitectos suelen trabajar solos y sus diseños pueden incluir muchos detalles. Ambas cosas permiten a Cáncer ser más productivo.

Ser capaz de percibir las emociones de los demás es un rasgo muy característico de Cáncer, y muchos suelen buscar una profesión en la que puedan ponerlo en práctica. Los Cáncer son excelentes enfermeros, niñeros, trabajadores sociales y cuidadores a domicilio. Les encanta cuidar de los demás y tratan a todo el mundo con el mismo cuidado y respeto.

CAPÍTULO 10
LEO

Este signo extrovertido es el quinto signo del zodíaco. En la rueda del zodiaco, Leo aparece frente a Acuario, lo que indica que estos signos tienen personalidades opuestas. Leo recibe su nombre de la constelación de un gran león que merodea por el cielo nocturno. Los colores de este signo son brillantes y vivos: dorado, naranja y amarillo.

Leo no tiene un planeta regente, sino una estrella regente. Leo está regido por el Sol. El sol es la parte más brillante del sistema solar, por lo que a los Leo también les gusta ser la parte más brillante de sus círculos familiares y de amistad. Están llenos de vida e iluminan a todos los que los rodean.

Los Leo deberían estar atentos a los siguientes números especiales que aparecen a lo largo de su vida: 1, 3, 10 y 19. Si ves uno de ellos, podría ser una señal de que estás avanzando en la dirección correcta.

¡APRENDE SOBRE EL LEGENDARIO LEO!

El león es el rey de la selva, y los Leo tienden a sentirse el líder de la manada allá donde van. Les encanta ser el centro del escenario y disfrutar de todo lo que conlleva ser una estrella. Leo nunca es tan feliz como cuando muestra su talento y personalidad, ya sea en una actuación o hablando en grupo.

Los Leo son ideales para trabajar en proyectos escolares porque se encargan de organizar a todo el mundo. También estarán encantados de hacer la presentación final porque les encanta hablar delante de la clase. Obtienen toda su confianza del Sol regente y no pueden esperar a que llegue su oportunidad de brillar.

Los Leo tienen un corazón bondadoso y cuidan de todos los de su manada, a la vez que hacen amigos increíbles. Siempre están dispuestos a realizar actividades divertidas, enérgicas y emocionantes, así que sabes que lo pasarás bien si hay un Leo en tu grupo.

¡A LOS LEO LES ENCANTA LIDERAR!

Como los Leo pueden parecer muy seguros, la gente suele olvidar que ellos también tienen sentimientos. Asegúrate de tratar a tus amigos Leo con la misma amabilidad y compasión con la que tratas a todo el mundo.

Los Leo son conocidos por ser uno de los signos más voluntariosos. Saben lo que quieren hacer y cómo quieren hacerlo. Conseguir que un Leo cambie de opinión o llegue a un compromiso requiere mucha negociación, porque los Leo no se rinden fácilmente. Esto puede ser bueno si tienes un problema que resolver, porque los Leo seguirán trabajando en él hasta que encuentren la respuesta.

¡CONÉCTATE CON UN LEO!

Otros signos de fuego, Aries y Sagitario, tienen la misma energía ruidosa y vibrante que Leo, así que cuando todos se juntan, pueden surgir fuegos artificiales. Esto puede dar lugar a mucha diversión y emoción.

Los signos de aire Géminis y Acuario son fantásticos amigos de Leo. El fuego necesita aire para arder, así que es lógico que los signos de fuego y aire sean grandes amigos. A los signos de aire les gustan los retos, y tratar de seguir energéticamente el ritmo de un Leo sin duda lo es.

¡VIDAS PARA UN LEO!

A Leo le encanta ser el centro de atención, por lo que cualquier carrera en la que pueda desempeñar un papel protagonista es perfecta. Ser actor o político le dará a Leo montones de admiradores. Para los Leo que prefieren estar un poco más en segundo plano, pero quieren seguir disfrutando del estilo de vida de los ricos y famosos, hay muchas profesiones, como agente de talentos, asistente personal o fotógrafo.

Los Leo son creativos por naturaleza, por lo que también disfrutarán de un trabajo en el que puedan poner en práctica su naturaleza artística. Ser artista o diseñador puede ser divertido para un Leo. Tampoco les asusta el trabajo duro, así que estarán encantados de esforzarse para comercializar su trabajo y hacerse un nombre.

CAPÍTULO 11
VIRGO

Virgo es el quinto signo del zodíaco y llega en el momento en que el verano se convierte en otoño. Como signo de tierra, los Virgo se sienten muy unidos a la naturaleza y a los cambios que se están produciendo. Incluso la constelación de Virgo muestra a la diosa de la cosecha sosteniendo un tallo de trigo.

Virgo sigue a Leo, y ambos tienen colores especiales similares, pero los colores de Virgo son más apagados. Son amarillo pálido, beige y gris. El planeta regente de Virgo es Mercurio, el mismo planeta que Géminis. Esto ayuda a los Virgo a comunicarse bien con los demás.

Todos los signos zodiacales tienen algunos números que pueden darles suerte. Estos números pueden aparecer en tu vida, o puedes elegirlos en una camiseta deportiva o en la combinación de tu casillero. Los números de la suerte para Virgo son el 5, el 14, el 15, el 23 y el 32.

¡DATOS VITALES SOBRE EL VIBRANTE VIRGO!

Los Virgo son absolutamente perfeccionistas. Todo lo que hacen, hasta el más mínimo detalle, tiene que ser lo mejor posible. En la escuela, los Virgo se aseguran de que sus proyectos estén repletos de información. Siempre trabajan duro y disfrutan con tareas prácticas como la construcción de maquetas y los experimentos científicos.

Prestan la misma atención a sus amistades. Siempre recuerdan el cumpleaños de todo el mundo, cuál es su merienda favorita y a quién le gusta qué deporte. Trabajan duro para asegurarse de que los demás se divierten, pero esto puede significar que no tienen mucho tiempo para hacer lo que quieren. A los Virgo tampoco se les da bien no hacer nada, por lo que les resulta difícil relajarse.

Los Virgo pueden ser un poco duros consigo mismos cuando creen que no han hecho algo lo mejor posible. Necesitan tener buenos amigos a su alrededor que les recuerden lo increíbles que son.

¡LOS VALORES DE VIRGO!

A diferencia de los signos de fuego y aire, los Virgo pueden ser tímidos con grupos de personas que no conocen bien. Prefieren pasar el tiempo con un pequeño grupo de buenos amigos que ir a una gran fiesta ruidosa.

Los Virgo son amables, cariñosos y atentos, y prefieren estar rodeados de personas que sientan lo mismo. No aprecian que alguien no sea amable, sean cuales sean las circunstancias.

¡VISITANTES PARA VIRGO!

Los Virgo se sienten como en casa cuando pasan tiempo con otros signos de tierra. Comparten su forma de pensar realista y su amor por la naturaleza. Los Virgo también tienen buenas amistades con los signos de agua Cáncer y Piscis.

A Piscis le gusta dejar que Virgo se tome su tiempo para hacer amigos, porque sabe que esto conducirá a una amistad profunda. Cáncer y Virgo tienen un enfoque similar del trabajo: les gusta que todos los detalles sean correctos, por lo que Cáncer entenderá la necesidad de Virgo de ser cuidadoso en todo lo que hace.

¡VOCACIONES PARA UN VIRGO!

Su orientación al detalle hace que Virgo sea ideal para las carreras de ciencias y matemáticas. Los contables trabajan con las finanzas de otras personas y se aseguran de que no haya errores en su papeleo, algo que a un Virgo le encantaría. Los investigadores deben trabajar con muchos detalles y los Virgo son científicos muy cuidadosos.

Los Virgo son buenos comunicadores, por lo que también disfrutarían trabajando como editores. Su trabajo consistiría en asegurarse de que no hubiera errores en los libros antes de publicarlos. Prestan mucha atención a los detalles y no se aburrirían, aunque tardaran días en leerlo todo. También disfrutarían ayudando a enviar historias al mundo.

CAPÍTULO 12
LIBRA

Este signo de aire es el séptimo signo del zodíaco. Libra debe su nombre a la constelación que representa una balanza. Esto ayuda a los Libra a ser equilibrados y no les gusta que la gente se vaya a los extremos. Libra está regido por Venus, lo que también significa que buscan la armonía.

Los colores más asociados a Libra son el rosa y el verde. Puede parecer que estos colores no combinan bien, pero encajan con la parte de la personalidad de Libra que quiere hacer las paces entre las distintas partes.

Libra tiene una serie de números especiales, al igual que los demás signos del zodiaco. Son el 4, el 6, el 13, el 15 y el 24. Si eres Libra, estate atento para ver si estos números aparecen en tu vida. Si es así, puede que te traigan buena suerte.

¡CONOCE AL LEAL LIBRA!

Los Libra suelen sentir que es su deber resolver todos los problemas del mundo y no les gusta nada que no sea justo. A los Libra se les da muy bien decidir cómo compartir las cosas equitativamente y encontrar soluciones a los problemas que convengan a todos. Si trabajas en grupo, puedes confiar en que los Libra se asegurarán de que cada uno haga su parte del trabajo y reciba los mismos elogios al final.

Como a otros signos de aire, a los Libra no les gusta pelear. Son personas muy pacíficas y se mantienen al margen de las discusiones en la medida de lo posible. Sin embargo, no es posible contentar a todo el mundo al mismo tiempo, aunque los Libra siempre se esfuercen al máximo. Les gusta hablar con los demás y se sienten a gusto en grupos de gente.

Como cabría esperar de un signo al que no le gustan los conflictos, los Libra son muy amables y cariñosos. Harán todo lo posible por no disgustar a sus amigos. A los Libra se les da muy bien hablar de sus problemas y hacer saber a todo el mundo cómo se sienten, y también pueden inspirar a los demás para que hagan lo mismo. Una vez que han conseguido que todo el mundo hable, pueden utilizar sus dotes diplomáticas para resolver cualquier problema.

Como a los Libra no les gusta decir ni hacer nada que pueda molestar a alguien, a menudo esperan a ver qué dicen o hacen los demás antes de dar su propia opinión. Esto es muy considerado. Sin embargo, si eres Libra, no olvides que tu opinión también importa y que a veces merece la pena expresarla.

¡LOS LIBRA TE LEVANTARÁN EL ÁNIMO Y TE ESCUCHARÁN!

Para los Libra lo más importante es el equilibrio, por lo que no soportan que se cometan injusticias y acuden para ayudar siempre que pueden. Se enfadan mucho si ven cosas como el acoso o la desigualdad. Esto puede ocurrir en su propio grupo de amigos, en la escuela o en el resto del mundo. Cuando un Libra detecta algo que no está en armonía, hará todo lo posible para arreglar las cosas, aunque no haya causado el problema.

Los Libra no soportan el desorden. Aprecian y cuidan mucho sus cosas, como la ropa, la tecnología, los juguetes y los muebles. Esto es una gran noticia para los padres, ya que un Libra mantendrá su habitación ordenada ¡sin que se lo tengan que decir dos veces!

¡AMIGOS DE TODA LA VIDA PARA LIBRA!

Los signos de aire -Acuario, Géminis y, por supuesto, otros Libra- son los que mejor entienden a Libra, y son amigos para toda la vida. Respetarán el compromiso de Libra con la justicia y no los arrastrarán a discusiones por diversión.

Sorprendentemente, Libra puede llevarse muy bien con Aries y Sagitario, a pesar de ser signos de fuego. Comprenden la pasión de Libra por la armonía. Aries es el signo opuesto a Libra, lo que significa que están en lados diferentes de la rueda zodiacal. Los opuestos pueden funcionar muy bien juntos como amigos porque equilibran los comportamientos del otro. Libra puede calmar a Aries y ayudarle a ver el otro lado en un desacuerdo. Aries puede inspirar a Libra para que sea más seguro de sí mismo y se defienda.

¡LÍNEAS DE TRABAJO PARA UN LIBRA!

Como los Libra están comprometidos con la lucha contra la injusticia y el restablecimiento de la armonía, les gusta elegir carreras en las que puedan marcar la diferencia. Trabajar como abogado es una opción obvia, pero si eso no te parece divertido, hay otros trabajos relacionados con la ley que también satisfarán a un Libra. El secretario jurídico, el secretario judicial y el juez también pueden apelar al sentido de la justicia de Libra. Debido al objetivo de Libra de restaurar la armonía en el planeta, puede elegir una carrera que ayude al medio ambiente, como científico medioambiental o conservacionista.

Un consejero o psiquiatra es otra buena opción. Ambos trabajos implican ayudar a otros a hablar de sus problemas, y esto significa que Libra puede utilizar sus excelentes habilidades comunicativas. Tanto si ayudan a la gente a resolver un conflicto interior como si se trata de un desacuerdo con otra persona, Libra se sentirá feliz sabiendo que ha contribuido a traer un poco más de armonía al mundo.

Escorpio es el octavo signo del zodíaco y pertenece al grupo de signos estelares denominados signos de agua. Esto es extraño porque los escorpiones -el animal que da nombre a Escorpio- viven en el desierto, donde hay muy poca agua. Los colores influyentes de Escorpio reflejan esto porque no son colores acuosos en absoluto: son escarlata, rojo y naranja oxidado.

El planeta regente de Escorpio es Plutón, y aunque la NASA ya no lo denomina planeta, puede influir en nuestras vidas. Plutón tiene que ver con el cambio y la transformación, y los Escorpio suelen tener múltiples capas en sus sentimientos y su personalidad.

Hay algunos números especiales que los Escorpio deberían tener en cuenta. Estos números pueden traerte suerte o ayudarte a tomar la decisión correcta si aparecen en determinadas situaciones. Estos números especiales son el 8, el 11, el 18 y el 22.

¡SALUDA AL SENSACIONAL ESCORPIO!

Al igual que los demás signos de agua, Escorpio está muy en sintonía con sus emociones. Sin embargo, puede que no lo parezca, porque son muy buenos aparentando calma cuando en realidad pueden estar un poco alterados. Ser capaz de mantener la calma, incluso cuando todo va mal, es algo que convierte a los Escorpio en líderes naturales.

A los Escorpio les encanta tener éxito en todo lo que hacen. Una vez que saben lo que quieren, se concentran en conseguirlo. Es estupendo trabajar con ellos porque saben que no eludirán sus responsabilidades. El éxito de los Escorpio no se limita al trabajo duro: Son muy carismáticos, divertidos e increíbles para hacer amigos.

Al igual que el escorpión, los Escorpio no tienen miedo de enfrentarse a grandes retos. Son muy valientes y siempre defienden aquello en lo que creen. Puedes contar con ellos para hacer cambios positivos en el mundo.

¡LOS ESCORPIO SON UN SIGNO QUE SE MANTIENE EN PIE!

Una vez que un Escorpio confíe en ti, se abrirá y compartirá contigo una faceta totalmente nueva que desconocías. Que un Escorpio confíe en ti es un verdadero privilegio, así que asegúrate de que puede contar contigo.

Defender sus creencias es un rasgo esencial de Escorpio, y cuando creen que tienen razón en algo, ¡se aferran a ello! Sin embargo, si ofreces una perspectiva diferente, Escorpio siempre te escuchará.

¡COMPAÑEROS PARA ESCORPIO!

Los Escorpio se llevan mejor con los signos de agua porque son los que mejor comprenden sus cualidades emocionales. Cáncer es especialmente bueno con Escorpio porque percibe sus emociones ocultas y sabe qué decirle para calmarlo y ayudarlo a tranquilizarse.

Otro signo que se lleva bien con Escorpio es Tauro. Este signo de tierra, con los pies en la tierra, no se deja intimidar fácilmente por Escorpio y, a cambio, este aprecia la fiabilidad y previsibilidad de un amigo Tauro.

¡PROFESIONES DE ÉXITO PARA ESCORPIO!

Los Escorpio trabajarán duro en cualquier tarea que se les encomiende, pero les gustan mucho los proyectos a los que pueden dedicar su tiempo. Les encanta indagar en los detalles más finos, por lo que un trabajo como investigador es ideal. A los Escorpio les gusta trabajar solos, y disfrutarán mostrando a los demás sus hallazgos y compartiendo sus increíbles conocimientos sobre un tema.

Otro buen trabajo sería el de ingeniero. Esta profesión permite a Escorpio pasarse el día resolviendo problemas. También disfrutará viendo los beneficios de su trabajo en el mundo real, y los proyectos de ingeniería suelen dar lugar a nuevas máquinas, edificios o infraestructuras.

Cualquier carrera que ofrezca a un Escorpio la oportunidad de desafiarse a sí mismo le resultará atractiva. Disfrutan con el éxito y con ser lo mejor que pueden llegar a ser, por mucho que les cueste. Algo como detective o cirujano, donde su compromiso y sus puntos fuertes serán reconocidos, sería una elección ideal.

CAPÍTULO 14
SAGITARIO

Este energético signo de fuego es el noveno del zodiaco y está regido por el rey de los planetas, Júpiter, el quinto planeta desde el Sol. Este planeta es sinónimo de vibraciones positivas que traen suerte, esperanza, prosperidad y crecimiento a quienes están bajo su influencia. Sagitario influye en algunos de los meses más oscuros del año y, para compensar la falta de luz, este signo crea algunas de las personas más brillantes y edificantes.

A pesar de ser un signo de fuego, el color influyente para Sagitario es el azul. Esto podría estar relacionado con su papel tradicional como sanador: La constelación de Sagitario es el centauro Quirón, que fue un gran maestro y sanador en la mitología griega.

Sagitario tiene una serie de números especiales que pueden tener una gran influencia en la vida de las personas nacidas bajo este signo. Estos números son el 3, el 7, el 9, el 12 y el 21. Si eres Sagitario, puede que notes que estos números aparecen en tu vida para indicarte que vas por el buen camino.

¡PROTAGONISTA, EL SINCERO SAGITARIO!

Después del intenso Escorpio, Sagitario es exactamente lo contrario. Los nacidos bajo este signo son eternos optimistas, siempre ven lo mejor de las personas y las situaciones. Esperan que todo el mundo sea tan bueno y amable como ellos y siempre se muestran abiertos y sinceros acerca de sus expectativas.

A los Sagitario les encanta la gente. Siempre quieren descubrir cosas nuevas sobre culturas y lugares diferentes, y la mejor forma de hacerlo es hablar con personas que hayan vivido allí. El grupo de amistades de un Sagitario será amplio y estará formado por todo tipo de personas diferentes, no sólo por las que son como él. Les encanta pasar tiempo con personas con las que no tienen nada en común: Sagitario ve esto como una oportunidad para probar algo nuevo en lugar de romper una amistad de inmediato.

Como Sagitario siempre está intentando aprender o hacer algo nuevo, puede frustrarse cuando se queda estancado en la misma rutina. Les encanta aprender cosas nuevas y son muy buenos investigando y enseñándose a sí mismos. También es posible que te ofrezcan nuevas perspectivas interesantes en las que no habías pensado antes.

¡LOS SAGITARIO SON AUTOSUFICIENTES!

A los Sagitario les encanta ser libres para seguir su propio camino y establecer sus propios límites; realmente marchan al ritmo de su propio tambor. Llevan a sus amigos a vivir las mejores aventuras, a menudo a lugares donde nunca han estado.

Parte de ser un signo tan abierto y honesto es que los Sagitario nunca tienen miedo de decir lo que quieren decir. No se enfadan con demasiada facilidad, pero, por supuesto, les gustaría que sus opiniones se valoraran y no se pasaran por alto. Aunque un Sagitario haya dicho accidentalmente algo que haya molestado a otra persona, lo más probable es que no lo haya dicho con esa intención, porque es cariñoso y servicial.

¡SOCIALIZAR CON UN SAGITARIO!

Aries es un excelente amigo para Sagitario porque tienen muchas cosas en común. Ambos son signos de fuego, lo que significa que están llenos de energía y les encanta hacer cosas emocionantes y aventureras. A los dos les encanta probar actividades nuevas, así que visitar un nuevo parque de camas elásticas en la ciudad o comer en una nueva pizzería sería el momento perfecto para este dúo aventurero.

Géminis también se lleva bien con Sagitario. No les gusta estar quietos y están deseando probar cosas nuevas. Juntos, Géminis y Sagitario se empujarán mutuamente a encontrar nuevas aficiones y actividades que les impidan aburrirse.

Es posible que Sagitario no se identifique rápidamente con los signos de agua y tierra y su apego al hogar. ¿Por qué quedarse quieto cuando hay todo un mundo por explorar? Si conoces a alguien a quien le cuesta estarse quieto y siempre parece estar probando algo nuevo, es muy probable que sea Sagitario.

¡PUESTOS DE TRABAJO SUPERIORES PARA SAGITARIO!

Sagitario es un aventurero amante de la diversión y será feliz en cualquier trabajo que le permita dar rienda suelta a esta faceta de su personalidad. El sector de los viajes y la hostelería es un buen punto de partida. A Sagitario le encantaría trabajar como agente de viajes, donde puede ayudar a otros a diseñar sus vacaciones perfectas. Esto también les dará información privilegiada sobre algunas ofertas de viajes para sus propias vacaciones.

El lado creativo de un Sagitario puede ser una gran ventaja en el trabajo, y una carrera como artista, diseñador o arquitecto independiente podría ser justo lo que necesita para mostrar su estilo único. Los diseños atrevidos y aventureros no asustarán a un Sagitario, y disfrutará de la libertad de trabajar en sus propios proyectos como su propio jefe.

Un trabajo repetitivo de 9 a 5 probablemente sofoque el entusiasmo de los Sagitario, por lo que preferirán encontrar un empleo variado. Ser profesor encaja a la perfección. Cada día es diferente, y Sagitario podrá utilizar sus excelentes dotes de comunicación para inspirar a los niños de su clase.

CAPÍTULO 15
CAPRICORNIO

Capricornio es el décimo signo del zodiaco y el que comienza más tarde en el año: el 22 de diciembre. Este signo está representado por la constelación de Capricornio, la Cabra Marina, una criatura mítica que tiene cabeza y pezuñas de cabra, pero cola de pez, ¡un poco como una sirena!

A pesar de vivir en el mar, Capricornio es un signo de tierra. Para demostrarlo, el signo se asocia con colores neutros y terrosos, como el marrón y el negro. El planeta regente de Capricornio es Saturno, el mayor planeta de nuestro sistema solar y el sexto desde el Sol. Saturno es el planeta de la responsabilidad, la fuerza y la disciplina: cualidades que encontrará en un Capricornio.

Al igual que los demás signos zodiacales, Capricornio tiene sus propios números de la suerte. Son el 4, el 8, el 13 y el 22. Estos números pueden ayudarte en tu vida guiándote para tomar las decisiones correctas, así que presta atención a ellos.

¡CELEBRA AL GENIAL CAPRICORNIO!

Los Capricornio son lo contrario de sus vecinos zodiacales Sagitario. Les encanta la estructura y tenerlo todo en orden. Si le das a un Capricornio instrucciones claras, las seguirá a rajatabla, lo que lo convierte en un excelente compañero de estudio y de trabajo. También son muy disciplinados y pueden mantenerse concentrados en la misma tarea durante mucho tiempo.

Al ser un signo de tierra, los Capricornio están muy anclados en la realidad. Suelen preferir las aficiones más tranquilas, como la lectura, a las activas, como los deportes, pero no siempre.

Los Capricornio prestan a sus amigos la misma atención que a su trabajo, lo que los convierte en excelentes amigos. Su fiabilidad es una de sus mejores cualidades, por lo que se asegurarán de no perderse un cumpleaños, un partido de fútbol o cualquier cosa que signifique mucho para ti.

¡LOS CAPRICORNIO APRECIAN LAS TRADICIONES!

Los Capricornio valoran mucho sus límites y no les gusta cambiar su forma habitual de hacer las cosas. A menudo les preocupa que el cambio no sea bueno, así que es muy importante que recuerdes a tus amigos Capricornio (o a ti mismo) que el cambio puede ser genial. Imagina un mundo en el que no descubrieras tus cereales o dibujos animados favoritos porque no quisieras probar algo nuevo.

Como a los Capricornio no les gustan los cambios, las tradiciones significan mucho para ellos. Por eso están muy unidos a sus familias y disfrutan reviviendo los recuerdos que les traen las tradiciones. Les encanta recordar cosas como las fiestas estacionales y las vacaciones familiares, ¡y harán muchas fotos! Por eso, algo como la pizzería a la que su familia los lleva cada cumpleaños significa mucho para ellos, y esperan con impaciencia estas cosas cada año.

¡COMPAÑEROS PARA CAPRICORNIO!

Los Capricornio se llevan bien con todos los signos de tierra, pero especialmente con Tauro. Ambos comparten el gusto por lo práctico y son muy trabajadores. Tauro vive en el presente mientras que Capricornio vive en el pasado, pero estos dos puntos de vista funcionan bien juntos, y Tauro anima a Capricornio a apreciar el presente.

Los signos de aire -que siempre están planeando el futuro- y los signos de fuego -que siempre están buscando diversión- pueden encontrar difícil estar en el mismo nivel de tranquilidad que un Capricornio. Aunque podrían hacer amigos interesantes, los Capricornio suelen preferir dedicarse a actividades más familiares y tranquilas en casa. Un signo que comparte un disfrute similar de las comodidades del hogar es el signo de agua, Cáncer. Capricornio y Cáncer disfrutarán de una amistad relajada en la que podrán quedarse en casa con una buena película y unas palomitas.

¡CARRERAS PARA UN CAPRICORNIO COMPROMETIDO!

A los Capricornio les encanta trabajar y a menudo les resulta difícil parar. Encontrar el equilibrio entre sus estudios o su carrera, y sus amigos y familia es difícil para este signo de tierra dedicado y motivado. También quieren una carrera con un papel claro en la que sepan exactamente lo que se espera de ellos.

Un profesor de instituto sería el trabajo perfecto para un Capricornio trabajador. Le encanta planificar y organizar y tiene la paciencia suficiente para lidiar con el comportamiento difícil de algunos adolescentes. Las largas vacaciones escolares también obligan a Capricornio a tomarse un descanso muy necesario y disfrutar de algunas aficiones relajantes y salir con los amigos.

Otra carrera muy adecuada para Capricornio es la de agente inmobiliario. El trabajo duro es vital en este negocio si quieres tener éxito, ¡y los Capricornio tienen sin duda suficiente empuje y determinación para ser grandes! También existe la posibilidad de gestionar tu propia carga de trabajo, y la mayoría de los agentes inmobiliarios trabajan solos o en pequeños equipos, lo que encaja perfectamente con Capricornio.

UNA PIEDRA ZODIACAL PARA CADA SIGNO

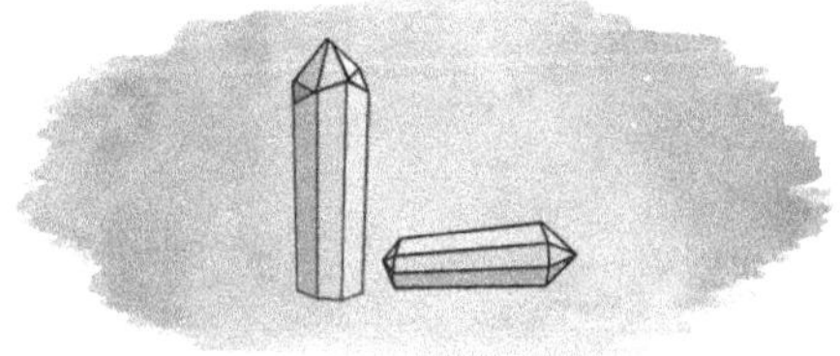

¿Sabías que cada signo astrológico tiene un mineral o piedra preciosa especial que está relacionado con él? La mayoría de la gente conoce las piedras natales, pero las piedras del zodiaco son un poco más específicas. A algunas personas les gusta llevar estas gemas preciosas para atraer la buena suerte, y a otras simplemente les gusta tenerlas a mano como decoración o en una caja o bolsa especial. ¿Quieres saber cuál es tu piedra del zodiaco?

UNA PIEDRA ZODIACAL PARA ACUARIO: AMATISTA

La amatista se presenta en distintos tonos de morado y violeta. Uno de los países que más amatistas produce es Brasil. Si se trata la amatista con calor (es decir, calentándola), puede parecerse mucho a una piedra llamada citrino. Algunas personas encuentran que esta piedra ayuda a promover la calma y crea claridad en la toma de decisiones.

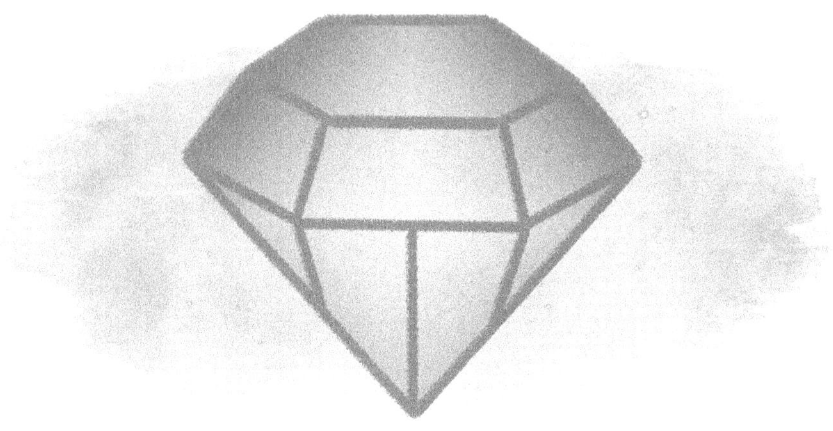

UNA PIEDRA ZODIACAL PARA PISCIS: AGUAMARINA

Esta piedra recibe su nombre de las palabras latinas "Aqua" y "Marina", que se traducen por "Agua" y "Del Mar". No es de extrañar que esta piedra recibiera su nombre del agua y el mar; sus colores varían entre tonos azules y verdes que se mezclan entre sí. Algunas personas encuentran esta piedra poderosa y útil para una comunicación clara.

UNA PIEDRA ZODIACAL PARA ARIES: DIAMANTE

Los diamantes están hechos de carbono puro, lo que significa que son la única gema del planeta hecha de un solo elemento. Aunque el diamante más común es translúcido (transparente), existen en una gran variedad de colores como amarillo, rosa, azul y muchos más. El diamante es una de las cuatro principales piedras preciosas de la Tierra. Algunas personas creen que esta piedra promueve una poderosa fuerza interior.

UNA PIEDRA ZODIACAL PARA TAURO: ESMERALDA

La esmeralda es una de las piedras más antiguas y buscadas de la historia; de hecho, era la favorita de la reina Cleopatra (reina del antiguo Egipto). Su color es un verde intenso y vibrante. La esmeralda es una de las cuatro principales piedras preciosas de la tierra. Algunas personas creen que esta piedra promueve la prosperidad (bienestar), la riqueza y una sensación de paz.

UNA PIEDRA ZODIACAL PARA GÉMINIS: ÁGATA

Hay muchos tipos de ágata, desde el ágata azul de encaje (azul), el ágata musgo (verde) y el ágata de fuego (roja). Estas piedras varían en color, pero comparten un parecido debido a sus bandas únicas (rayas). Estas piedras son un tipo de cuarzo llamado calcedonia. Algunas personas creen que esta piedra promueve la estabilidad interior y eleva la conciencia.

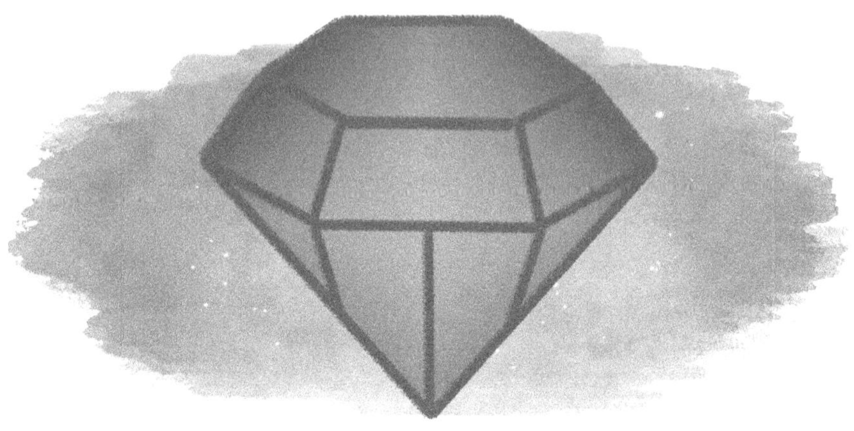

UNA PIEDRA ZODIACAL PARA CÁNCER: RUBÍ

El rubí recibe su nombre de la palabra latina "rubens", que se traduce como "rojo". Se conocen sobre todo por ser rojos, pero también pueden tener un tono rosado. El rubí es una de las cuatro piedras preciosas más importantes de la Tierra. Algunas personas creen que esta piedra fomenta la confianza y el equilibrio.

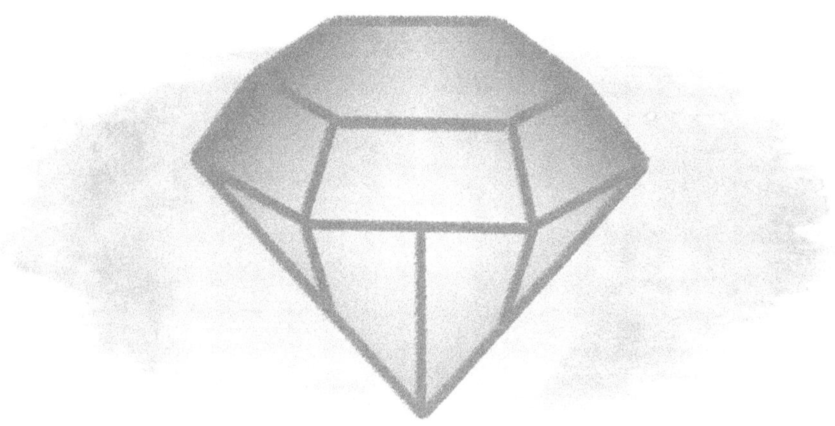

UNA PIEDRA ZODIACAL PARA LEO: PERIDOTO

El peridoto es una de las únicas piedras que se presenta en un solo color, que es el verde. También es una de las pocas piedras que se encuentran fuera de la tierra y en algunos meteoritos. ¡Algunas personas creen que esta piedra promueve la compasión y la buena fortuna!

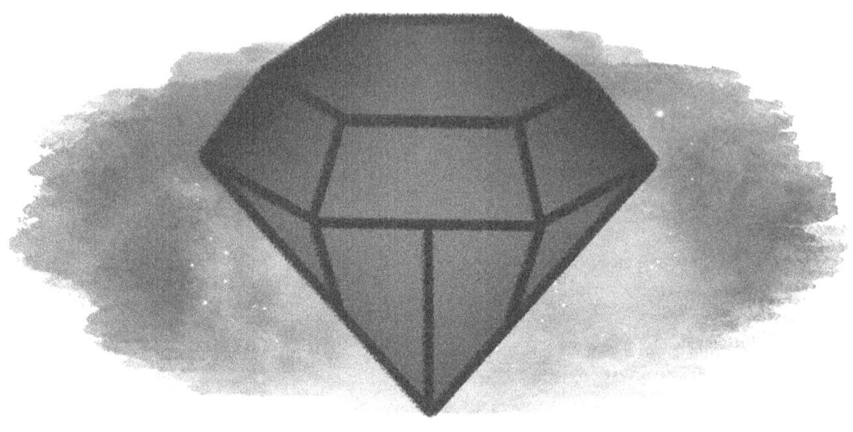

UNA PIEDRA ZODIACAL PARA VIRGO: ZAFIRO AZUL

El color del zafiro es un azul intenso y vibrante. El nombre de zafiro deriva de la palabra griega "sappheiros", que se traduce como "Piedra azul". El zafiro es una de las cuatro principales piedras preciosas de la tierra. Algunas personas creen que esta piedra favorece la autoexpresión y la empatía.

UNA PIEDRA ZODIACAL PARA LIBRA: ÓPALO

El nombre del ópalo procede del latín "opalus", que significa "piedra preciosa". Se dice que alrededor del 95% del ópalo procede de Australia. El color del ópalo puede describirse como un blanco lechoso o translúcido con motas brillantes del arco iris. Algunas personas creen que esta piedra promueve la armonía y la esperanza.

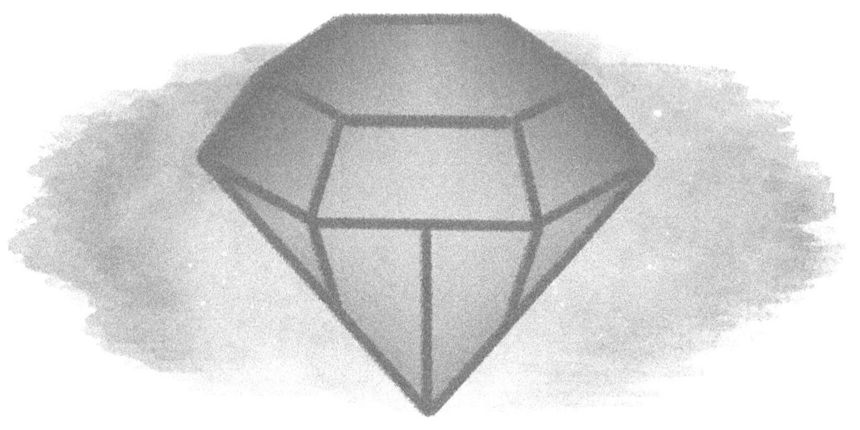

UNA PIEDRA ZODIACAL PARA ESCORPIO: TOPACIO

Un topacio puro es incoloro, por lo que a menudo puede confundirse con un diamante. Existen en muchos tonos del arco iris, como rojo, azul, rosa, amarillo y verde. El rojo es el más raro y el azul el más común. Algunos creen que esta piedra fomenta la alegría y el entusiasmo.

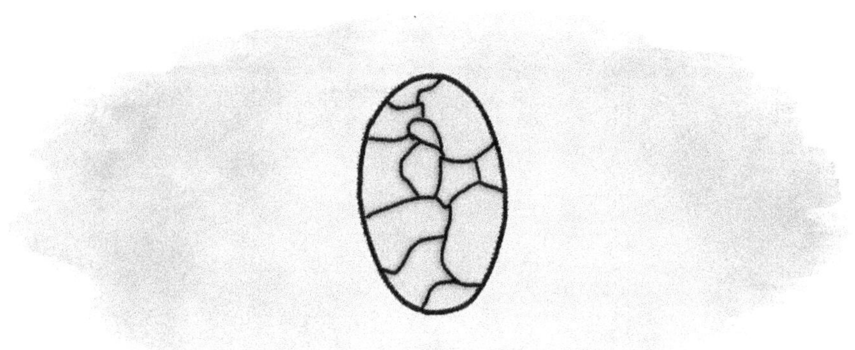

UNA PIEDRA ZODIACAL PARA SAGITARIO: TURQUESA

La turquesa es la única piedra preciosa del mundo que tiene un color con su nombre. El nombre de la turquesa deriva de la palabra francesa "turquoise", que se traduce como "turco". Algunas personas creen que esta piedra favorece la buena suerte y la protección.

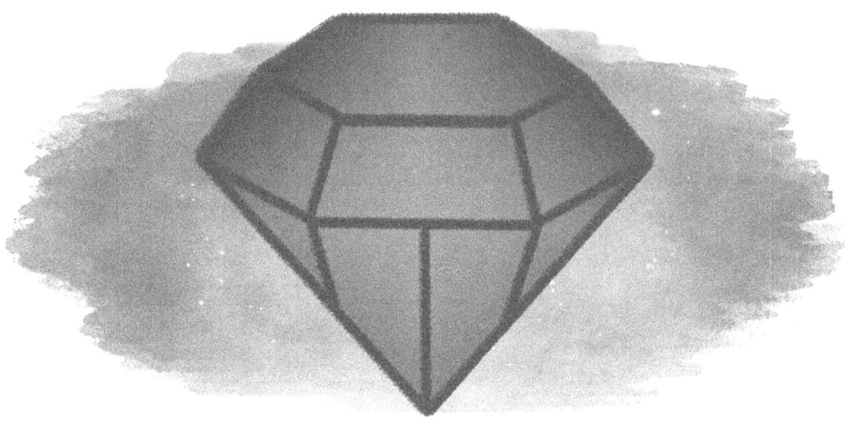

UNA PIEDRA ZODIACAL PARA CAPRICORNIO: GRANATE

El nombre del granate procede de la palabra griega "granatum", que se traduce como semilla o grano, porque se parece a la forma y el color de una semilla de granada. La mayoría de las veces, el granate se describe como de color rojo, pero en realidad existe en muchos colores diferentes, como verde, rosa o dorado. Algunas personas consideran que esta piedra ayuda a fomentar la confianza y aumenta la autoestima.

¡CONCLUSIÓN!

¿Te ha parecido interesante aprender sobre los signos zodiacales? Seguro que ahora sabes mucho más que al principio. Ahora eres uno de los millones de personas, a lo largo de todos los tiempos, que han empezado a desvelar los secretos de los astros. La próxima vez que alguien te pregunte cuál es tu signo zodiacal, ¡podrás darle una respuesta segura!

Ahora que lo sabes todo sobre tu signo zodiacal, puede que te entiendas mucho mejor a ti mismo. ¿Eres un Capricornio adicto al trabajo o un Acuario soñador? Tal vez seas un Leo amante de la diversión o un Cáncer al que le encanta acurrucarse en casa. Conocer tu signo del zodiaco puede ayudarte a ver hasta qué punto tú y tus amigos son únicos. Si a ellos les encanta hablar con todo el mundo, pero tú te sientes un poco más tímido que ellos, ¡podría deberse a las estrellas de arriba!

Lo emocionante es que todo lo que acabas de aprender es sólo el principio. La astrología es mucho más de lo que cabe en un libro. Si te interesa investigar más, hay muchas más cosas que puedes aprender.

Una cosa que a la gente le encanta de conocer sus signos zodiacales es que pueden leer su horóscopo. Un horóscopo es una predicción de lo que va a ocurrir. Puedes obtenerlos para el día o para todo el año. Suelen ser muy generales y te toca a ti averiguar cómo se aplican a tu vida, pero puede ser divertido leer que vas a tener un gran día.

No todo el mundo que conozcas creerá en la astrología, y no pasa nada. Nada de la astrología es un hecho; más bien, se supone que es una guía. No todo lo relacionado con tu signo coincidirá exactamente con lo que eres, pero algunas partes pueden ser muy precisas. Tú decides si quieres utilizar la astrología para divertirte o si quieres profundizar en ella. Siempre es bueno aprender algo nuevo, y ahora ya lo sabes todo sobre cómo empezó la astrología y qué significan los distintos signos del zodíaco.

Diviértete en tu aventura astrológica. Gracias por leer.

¡VALORAMOS TUS COMENTARIOS!

¡Ey! Acabo de leer tu horóscopo
diario, ¡y dice algo asombroso!

¿Qué dice?

Dice que tu signo zodiacal es muy
amable y siempre ayuda a los demás.
También dice que hoy es un gran día
para hacerlo.

¿Sabías que puedes ayudarnos
dejando una reseña de este libro en
Amazon o Audible?

Bien, ¡me alegra saber que puedo
ayudar!

Gracias, ¡estamos deseando verte en
el próximo libro!

Como equipo editorial independiente que surca el espacio, recibir tus comentarios significaría el UNIVERSO para nosotros. Nos ayudará a crear mejores libros para ti y a educar aún más a otras mentes curiosas.

Aniela Publications